Estamos torcidos

Naví A. Rodríguez

AMERRISQUE

isbn

ILUSTRACIONES
Naví Rodríguez

DISEÑO EDITORIAL
www.casadellibronicaragua.com

GUTENBERG IMPRESIONES
Teléfonos: (505) 78482597

EDITORIAL AMERRISQUE
Managua, Nicaragua, 2020

CONTENIDO

DEDICATORIA

A **Lebbeo** el hombre de
corazón tierno

A mi hija **Ivanessa Alaniz** quien me
impulsó a transformarme

A mi hijo **Iván Alaniz** ternura
disfrazada

A **Rodrigo Alaniz** el amor de
mis buenas noches

A mi padre **Rosalío Rodríguez**
por su incondicional cariño

A mi madre **María Rivera** por
cuidarme a su manera

A mi hermano **Wilfredo Rodríguez** que hoy no está y
sin él la poesía en mí no sería posible

OPINIÓN DE UNA LECTORA

La poesía es una manera de transmitir romanticismo, tragedia y diversas emociones, al tener la dicha de leer este poemario me sentí **orgullosa** conociendo su escritora no esperaba menos, mujer con mucha imaginación a tal punto que es contagiosa, sus escritos hacen soñar, reír, recordar, hasta transportarte a otro mundo con su poesía.

Al leer surgieron muchos sentimientos, poemas que generan intriga a tal punto de dan ganas de volver a leer y repetir más de una vez, como "We are crooked" por la intrigante combinación de las palabras, algunas muy explicitas otras un poco más imaginativas, hace que sigas leyendo hasta perder la noción del tiempo sin darte cuenta que estas llegando a las últimas páginas.

Poemas que hacen que te identifiques y sientas que debes seguir leyendo, poder experimentar nuevos sentimientos con los próximos versos, identificarte con algunos y apropiarte de otros, porque al final *"soy un alma acostumbrada a nada y a nadie esperar"*.

Lisbeth Castellón Tijerino
Estudiante de Ingeniería en Sistemas

PERCEPCIÓN

Muchas personas ocupan la escritura de forma que puedas liberarte en ella, o bien solo por desahogo, pero otras lo hacen con la intención de transportarte a una posible realidad que quizás, y solo quizás, se compare a la tuya. En ocasiones nos apoderamos de lo que leemos si podemos, lloramos, reímos, e incluso nos enojamos, es ahí cuando te das cuenta de que no leíste un libro, o un poema, sino que viviste una lectura.

Conozco a Navi R., y su creativa forma de ver el mundo y plasmarlo en una simple hoja de papel, que como papel no es nada, pero con la mano correcta, da vida, ella es inigualable, leer sus redacciones, es como tener una conversación directa con ella.

Cada palabra expresada te llena de sentimientos, muchos de hecho, a como previo les comenté. Si bien es de mucho agrado para mí, haber leído este poemario, está de más decir lo orgulloso que me siento de conocer a su escritora.

Llegué a sentir la necesidad de re-leer unos cuantos poemas, como lo fue *"El Amor en Paz Descanse"*, por lo interesante que fue saber cómo puede llegar un sentimiento a desaparecer, como el ser humano, en cientos de ocasiones, no ve lo que puede llegar a tener de frente, eso y mucho más se aprecia en los poemas, la indiferencia de muchos, la poca empatía que las personas llegan a emitir ante las adversidades de terceros. Ha como lo dije antes, no se trata de leer un libro o un poema, se basa en apoderarte de lo que lees y lo hagas tuyo.

"A través de pasadizos de piedra tallada, dicen que el amor se fue al pasado, la verdad es que falleció en la madrugada". N. Argentina R. Rivera

Ervin Tenorio - Medico Veterinario

POEMAS DESCARNADOS

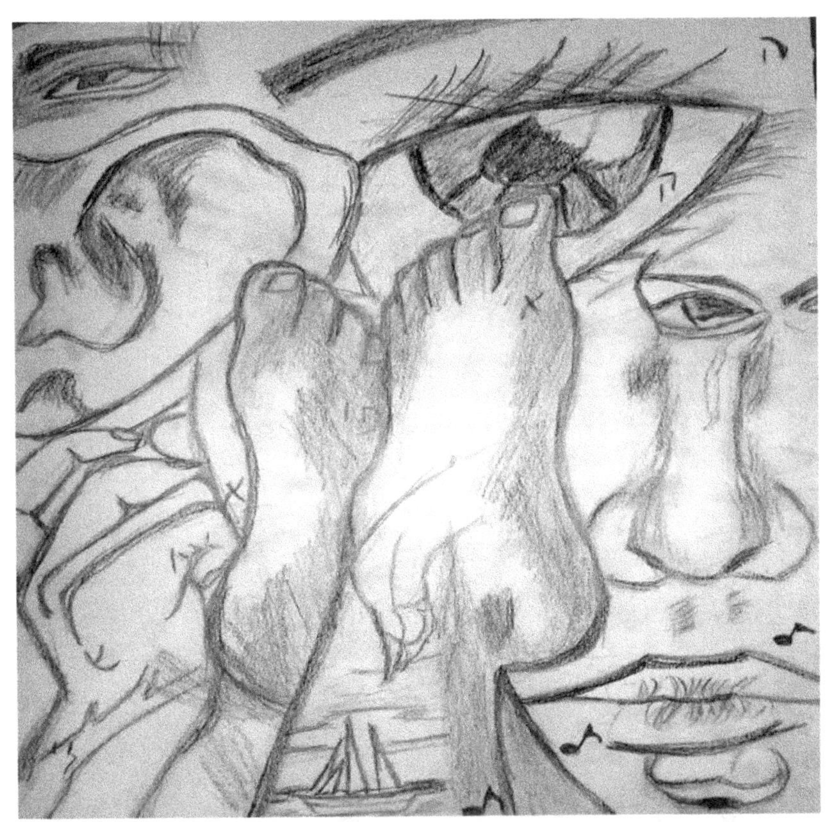

Transición cromática

La tarde gris, lenta... tan lenta,
como una sonata medieval, al
cantar destila silencio y una
marcha inexorable, hacia la
oscura noche sepulcral.

La estética de las falacias

Dejé de ser poesía, bajo un
quilombo de mierda con retórica
política amanecida.

Dejé de ser la estética convenida
para convertirme en la palabra, del
día a día que comen los poetas que
dejan de ser poesía.

Dejé sobre el altar las flores descompuestas hediondas
a muerte y superstición, mientras bailaba un vals de
Vivaldi, notas incomprensibles de una época medieval,
que renuentes al cementerio aún subsisten en lista
interminable los poetas renuentes a cambiar.

Ya no soy más de musas aprendices, poesía
retórica que quiere ser simétrica en un planeta
donde reinan las desigualdades. Dejé la rima y los
sinónimos olvidados, hastiada estaba de querer
hacer las cuentas de esqueletos que predican
paraísos y bondades.

Hoy tengo hambre, dejé la poesía
para escribir palabras simples y conozcan desde ahora
que no haré odas a ningún mercachifle, muchos menos
a sistemas perecederos, me sentaré en la acera con un
megáfono y venderé lo que a mí me dé la gana.

Vida absurda

¿Qué hay de las señales que mi mente
que no alberga consciente? ¿dónde
están los garabatos para que otros
recuerden?

Queda muy poco por vivir en esta
goma de mascar sin sabor, la nena me
pide un poco estoy de fiesta, le doy la
última fresca.

Las estrellas, la madrugada,
el cliente que me ha dejado sangrando el dolor,
estas calles tan largas, el albino que chatea coca, la
última goma fue escupida en la cuneta.

La nube de polvo que solo sienten mis ojos en
esta polución de vicios e hidrocarburos, me
duele una muela, me duelen las piernas, camino
impoluta con los zapatos en la mano.

¿Qué saben los que me evitan con asco?

que les importa si nada fue hecho a consciencia, un ir
y venir, basta que una noche alguien te pague,
importa si pagas tus deudas, si pagas la renta.

Camino en dirección al metro, el guardia sonríe, la nena ha
subido en buen carro, el gato entra en la basura, una chica en
su carro, revisa el labial en el espejo, el metro abre sus
puertas, ha terminado la faena adolorida, A la noche todo
vuelve a ser lo mismo, un giro más, recordaré comprar
chicles.

La otra luna de Picasso

*"Todas las cosas están en su medida adecuada,
Algunos para servir y otros para follar.*

Así es como comienza la historia. eso de
mí no se lo digo a los demás. No les digas
sobre la otra luna de Picasso, solo diles que
era la peor versión de una ilustre "ramera"
quien observó tu billetera la marca del
coche, cantaba tangos en las aceras y bebió
el ron más barato.

No les digas sobre rosas rosadas, ni el
anillo de estaño que la comprometió
con un lagarto, Ni el frío banco que a
veces ocupaba.
esperando el amor de su vida encarnado
en un buitre.

Cuéntales en tu historia que yo fui una ramera.
Puedes decirles que mi nombre era Magdalena,
por un centavo lavé tus penas y lamí tu sexo,
Estaba pidiendo un poco de droga y aullando a la
orilla, fingiendo placer en el pavimento.

No les hablas de bellas palabras,
Ni el asalto que hiciste cuando mis ojos eran dulces.
No digas nada bueno en tu historia,
Sé fiel al comienzo doloroso y apoya el argumento.

No digas nada bueno de mí,
Ni recuerdes que la línea de mi corazón es infinita
Todavía tengo fe en un banco frío calentado por un
buitre.

We are crooked

Tienes permiso de insultarme, decir que soy
la prostituta del barrio y contar una historia
extraña si lo prefieres, eso ya no importa, ni
siquiera lo escucharé, seguiré tan contenta
con mi blusa roja y mis zapatos negros de
tacón, bailaré con las morenas en una esquina
en Douglas Read Station, pediré marihuana al
jamaiquino de rastra y mirada turbia.

Tienes permiso de insultarme, hoy no he ganado
para pagar el pan, la renta, me echaran del cuarto
de dos por dos, sigo sin conseguir para pagar las
deudas, no hay tarjeta que me sirva,

ya los viejos clientes no se acercan han
ido rumbo a otra estación.

Tienes permiso de insultarme, las medias negras
están chiclosas, no hay para comprar unas
nuevas, a veces no es necesario bajarlas porque
todos quieren servicio rápido, que no exponga
sus bolas a una infección, un día de estos dejaré
el chicle entre sus fluidos y me ire cantando,
"Just give me A reason",
"just a Little bit's enough, juts a second" "we're
not brokeen, just bent"…

Hoy tienes permiso de insultarme decir que la puta
mierda que hago no sirve, que elegí muy mal la vida,
porque tenía tanta oportunidad como todas de una suave
cuna, de manos delicadas limpiando mis nalgas, y el
príncipe azul también esperaba adormecido, a que
alguien me contara un cuento para despertarme, que
como todas fui a buena escuela y fue cuestión de
elección bajarme del metro en Douglas Read Station.

Hoy tienes permiso de insultarme, decir
que fue cuestión de saltar el cerco,
amancebarme con el chico equivocado, y
diluir pegamento por curiosidad no para
matar el hambre,

todo me gustaba, disfrutaba sexo de cinco,
que por las noches pierdes la cuenta entre la
cena y el desayuno nada te queda.

Hoy tienes permiso de insultarme que no
escucharé tus idioteces, con aires de
caballero atrasado y la elegancia de un
ñandú amaestrado, tus palabras cuidadas
que si es dama entra por la puerta de
enfrente y si de oficio dudoso paso cinco
minutos por Douglas Read Station.

Hoy tienes permiso de insultarme, feliz estoy es la
banca de espera, un buen mozo gay está sentado
conmigo me dio calor y compartió su pago por
sexo, hemos fumado tanto que veo blanco el
techo, las nubes se desmoronan desde el cielo que
ya no es azul celeste, sino rojo vino, y algo se
desangra en el interior de mi pecho, mientras
canto: And we can learn to love again, It's in the
start, It's been written in the Scars,
On our hearts, we're not brokeen, just bent…"

La nueva capital

Dulce vita en la nueva capital
donde el hambre espera, el fusil
apunta tu cabeza Y del otro lado
a nadie importa.

La madre presa, el padre anónimo, la
estética del consumo pastorea e inunda
los salones de caros trajes y sobras de
alimento que el mar espera.

Dulce vita en la nueva capital "así lo dice
su sonrisa irónica", desde la calle donde

nadie le espera, mientras tose y su mirada
me derrumba.

Del otro lado alguien estrena casa como
soñó en la infancia, cristales, paredes
bruñidas y alfombras, ¿un vino? ¿una
cerveza? ¿una sonrisa?

¡Dame tu tormento! Creo gritar, la noche escalada
en este suplicio trae sueños premonitorios como
antes, se acerca el "troll" y le ofrezco un café en mi
vela.

No me nace la estética del consumo
pero el pescado por fin fue asado y
huele a ajo con limón la estancia, y
allá, él mira y me odia…

Él puede amar a su madre y yo quiero
arrebatarle su sensibilidad, aun tose y su
mirada llorosa, dice: "no se leer", y lo
comprendo, quiero decirle "no se amar"
y es como no saber lo que nos mata.

Sueño rezagado

Tengo un sueño rezagado
En las pupilas de mi lápiz
Que se desliza lerdo,
Sin la pasión de otros días Y sin la
esperanza de un mañana.

Se fue borrando en cada rasgadura
Que el desprecio ajeno hacía en la libreta,
Manchones grises y grietas en el iris Oscuro que
antes brillaba, ahora una nube, Quiere decirme
que tengo un sueño rezagado.

Un duende enano y mal encarado
Gruñe tras las sombras de lo que no veo,
Le lanzo las brozas que deja la saca puntas,
Me baña en aguas sucias y mis ojos se enturbian,
El sueño rezagado me vence, caigo doblada,
Olvido en la piel del desprecio que he recibido.

El papa habla de la concordia que nunca ha existido,
La reconciliación que puede surgir mañosa, No
se reconcilia el amo con el esclavo sino es que
ha canjeado algo a cambio, yo tengo un sueño
rezagado, ámense los unos sin los otros,
póngale candado a la ventana, dejen de soñar
con la boca abierta.

Herida Latente

¿Cómo se hace un poema valiente? que
exprese la herida de encontrarte sin vida, de
cargar la culpa de mis manos vacías quedarme
callada al cruzar de la acera, tú acompañado de
la sombra perenne, y yo amordazada en esta
miseria de otros, ¿cómo te digo? Si ya no me
escuchas y que importan los otros si no estás
presente.

¿cómo miras de frente a quien huye y sufre?
¿Qué diré a la muerte cuando llegue de frente?
moría de miedo antes de cerrar mis ojos, mojaba
mi almohada durante las madrugadas este dolor
fue latente en una vida sin rumbo, tú cruzabas la
calle y quería decirte que hubiese cambiado mi
suerte con la tuya, pero parece ser que el destino
existe, y no puedo hacer un poema valiente.

¿Le reclamo a la vida que no es fácil?
¿Quién me pedirá perdón por lo que a mí me pasa?
tú te has ido y nadie se entera, ella se
ha ido y todos lo ignoran mientras
cruzo la acera en silencio, esta
herida aún no se cierra, y sigo sin
hacer un poema valiente.

Me mira con sus ojos marchitos, cansada de
llorar frente a sus manos vacías no pudo
arrebatarle a la muerte tu vida, abrazó su
pecho sin poder sostenerte todavía corre en los
pasillos del tiempo, buscando tu sombra,
esperando encontrarte, incapaz de imaginar lo
que oculta en lo que no recuerda.

¿cómo hacer un poema valiente? con
tanto complejo de alma en pena y
vaciedad humana existente, ¿cómo
ser feliz con los recuerdos?
si todos quieren al más ventajoso de cerca, y
al más vulnerable arrinconan sin asco, como
la peor carne del mercado, si acaso es buena

para el perro, pero no para el ilustrado hijo
de la suerte.

¿Cómo hacer un poema valiente? Sonreír
por las mañanas

olvidar que tú no escuchas,
recordar que es mi culpa y
pensar que ya no importa,
del otro lado ella llora,
mientras de este lado… la
gente es la misma.

Transición emocional

La materia del asunto no muere, se
transforma y da paso a una nueva, así
transita esta rabia que siento de un
profundo resentimiento a una honda
tristeza, repleta, inexorable y
abundante de desprecio rumbo a
mares desconocidos.

Inhalo, una, dos… diez y descubro un nuevo
verde, un rosado, un rojo otoñal, un amarillo
brillante, las flores silvestres, los faritos
escondidos, como fantasmas me persiguen los
recuerdos y esta tos que no cesa, que apenas
deja hablar, en todo caso a nadie importa, lo
que tenga que decir.

Desde la paz nadie imagina la guerra, la
zozobra, el miedo al despertar,
¿cuántos niños nacen con miedo en el mundo?
¿cuántos niños nacen para venir a naufragar? no
sé, pero nadie escucha sus protestas desde un
cómodo carro con aire acondicionado, desde un
edificio frente al mar de Florida, o el restaurante
del idiota iraquí.

Me lesiona la indiferencia y él saber que el
barco se hundía y los desde la orilla solo
corrían a ponerse a salvo, sin estirar la
mano para ayudar si a lo mejor salía alguno
con vida, me lastiman los oídos los que
desde lejos gritaban ¡vivas! como si todo
era un partido de fútbol O el reality show de
los bastardos enajenados con cerveza y pan
de gradería.

No se perdonar, Dios sabe que eso es trato, Él
hace lo que le da la gana y yo no perdono,
porque no debes perdonar, porque no es
obligatorio perdonar, ni dejar que los enajenados
pasen inadvertidos, que queden por los siglos de
los siglos gritando en los estadios, borrachos de
cerveza y saltando como monos en circos
modernos que todavía le construyen al estilo
romano.

La piedra y el tallador

Un relato extraordinario, sin evidencia profana, una
piedra que inconsolable lloraba a su tallador, lo amaba

con extraordinaria dulzura, como alma amorosa que
nunca habitó en su interior.

Tallaba tan fino, parecían caricias la experticia de
aguja fina que sobre ella calaba y la hacía brillar,
amaba sus manos de artesano, las amaba, como solo
un alma virtuosa que no conoció el amor.

Era tan perfecto e inhumano, como solo un buen tallador que
talla con arte e idolatría la imagen de su yo creador, la piedra
amaba y el hombre tallaba, sin poder sentir, sin saber
comprender, que no hay semejanza, ni diferencia, entre una
piedra y la experticia de un tallador.

Los perros de la noche

Ni cantan, ni sonríen,
a veces solo ladran,
los perros en la noche
aúllan en mi cuadra.

Arisca/Sullen

Soy un alma acostumbrada a nada y
nadie esperar, precisamente porque todo
cambia y lo que hoy estaba, mañana no
estará.

Soy tan errante y poco dispuesta a
estar sentada en el mismo lugar,

personas llegan y se van, algunas
dejan algo por si acaso.

Por si acaso, no me acostumbro a esperar
y si alguien crea expectativas, tarde o
temprano lo sabrá que no me conocerá.

Porque soy un alma domesticada en mi manera que no
espera lo que no se debe esperar, las maneras
amansadoras han desaparecido no pongas tu mano en mi
cabeza que te puedo morder.

Soy un alma silvestre que vigila al cazador, sus sigilosos
pasos y su forma de observar, mimetizo mi sombra con el
sol que brilla al atardecer y silbó como ave junto a las
otras, nadie nos puede ver. Soy un alma acostumbrada
que nada espera, porque nada hay para esperar.

Inercia

¿Volar hacia dónde?
sin sospechar el nido,
sin razón de la migaja
ni huellas del destino.

¿Llegar a qué?
posarme en una rama,
un árbol sin cobijo, un
cielo sin sustento.

¿Picotear a quién? el
gusano que se arrastra, el

grano que no nace, el pan
que nadie come.

¿Cantar por qué? por la gota
que no llega, por el silencio
de la tarde, por el hogar que
ya no existe.

¿Volar hacia dónde? al
sol que ya se esconde, al
fin del otro lado, sin
destino, ni sustento.

Peregrina

Ya es tiempo de irse dejar
de ser sombra, permitir
borrar el rostro, desandar
las huellas y saltar el
acantilado.

Volar sobre las rocas,
extender las alas,
agudizar la vista, con
el destino abierto,
sanar las heridas.

Curar el ultraje con
peregrinas andanzas,
rozar las olas zambullir el
pico, engullir el pescado.

Cazado en el vuelo
cumpliendo su destino,
asimilando el mío,
desapareciendo en el celeste y
enlazando nuevas olas.

Irse sobre el viento,
planeando sobre la arena
mirando al ermitaño marcha
atrás bajo el muelle,
caminando sobre sus pasos,
perdiendo mi sombra
borrando mis huellas.

Tarde Absurda

La tarde cae lenta y áspera, al
estilo hastiado de Pessoa y te
rebusco en un poema, para
resucitar mi piel y tu aroma.

Erizarla y respirarte profundo, enoja
el poema que no llega, acopio la
indiferencia del cielo gris, en esta
tarde absurda y tonta.

Comienza la agonía de otro día,
veo al horizonte sin alegría, me
molesta tu ausencia la piel que
nada dice sin tu aroma.

Se estira y languidece, frente a la
inspiración que no se ofrece tarde

adormecida, cielo oscuro, inexpresivas estas
palabras, a nada suenan.

Se ha ido la música en esta tarde, el
tesón de acariciarte con mi voz poco
a poco fenece entre las brozas de los
pétalos marchitos del jazmín.

Sola estoy en esta tarde de invierno, la
lluvia invadió nuevamente las calles y me
pareció verte ir contra corriente, pero no,
era una sombra que se marchaba.

A nadie dijo adiós el suicida, dejando herido
el corazón de madre, hastiado de buscar
amor abrazo la muerte más tibia que la
ausencia.

Su rostro tiene los ojos abiertos,
mira el infinito con indiferencia,
eligió una tarde lenta y tonta para
desposarse con la pálida.

Alrededor lloran frente al espanto, en una
tarde pegajosa y enlodada el descansa
abrazando a su amada, ya no recuerda a
quien vivo lo rechazaba.

Y me enoja que el poema no fluye, que
mi piel no se erice con tu recuerdo, sentir
esta tarde monótona y fría, frente a un
alma que feliz descansa.

He tirado el reloj para olvidar el tiempo,
velaré la despedida del valiente, que ha
encontrado un poema Junto a la reina
invencible, la bella inviolada.

Lo veo y tengo envidia,
lucho contra la tarde de hastío e inclemencia, sus
labios aún rosados, sus cabellos oscuros con sus
manos cuidando el pecho sonríe.

Así me iré una tarde, lenta y absurda,
trinando por las praderas verdes, rozando
el pasto y bebiendo del rocío, olvidaré la
tarde y ya no habrá poemas

Los días nublados

¿Puedes creerlo?
te busco en mis letras pasadas,
caminando con los pies mojados
atravieso sobre sendas empinadas,
me duelen los días nublados, me
cobijo sobre mis brazos, lamento el
beso burlado.

Amante de mis versos
Amante de mis letras, de
mis versos y mis pausas, en
ti detengo el tiempo, para
retornar a mi regazo

Cuando parece que te marchas.
Amante del mañana te espero
cada día, adelanto el reloj de
arena e intento no hacer ruido,
para no distraer tus pasos.

Amante de mis letras, huraño y esquivo
de mis caricias, te amo en cada sueño y
en cada realidad que me acontece, unido
a mi corazón te abrazo, anido en tu
pecho y abrigo tu nombre.

Amante del mañana aguardo tu llegada,
fiel como Artemisa, vigilo el fuego que
calentará los días, no me llega el
cansancio, hago pausa y continuo, amante
de mis letras, amante de mis días, habitas
en mis verbos, eres fe y razón de mi
existencia.

Impermanente

Me gusta tanto que estás y no te alcanzó,
aconteces como la brisa fresca, sin llegar a
ser lluvia.

Y más me gusta si te alejas, sin
tocarme, sin mirarme a los ojos, sin
dejar evidencia.

Contaré que eres como un sueño, mientras
duermo, soluble, impermanente, y al
despertarme te recuerdo como una fantasía
recurrente.

El amor en paz descanse

El amor falleció en la madrugada, amaneció
sin pulso, helado, la mirada marchita, sus
manos estiradas, era de esperarse, por fin
falleció antes del día.

Era tan cadavérica su apariencia,
de ojos opacos y pasos cansados,
no tenía deseos de llegar a casa y
menos de admirar los geranios,
un amor así no ofrece nada.

Falleció sin mucho ruido, la gente
ignoraba que existía, murió como
mueren las cosas calladas, como lo que
nunca se ha visibilizado.

La muerte se lo llevó liviano,
estorbaba al deseo para sentirse
amplio y desahogado, al amor
murió sin ruidos sin estertores
innecesarios, cuando existes sin
ser visto, nadie sabe que te
marchas, nadie extraña tu

presencia, nadie sabe que estás
de paso

El amor murió y a nadie importa, hay tantas
imitaciones parecidas, puedes vestirte de amor
según las marcas, Polo, Old Navy, Toyota,
Nike, Victory Secret, es una cuestión de elegir
lo que se ajuste.

No hubo misa para que resucite, no hay espacio para
él en el paraíso se le culpa por la muerte del mesías,
no está en la teoría del eterno retorno, menos
alcanza en las cuentas de las vidas pasadas, que
dicen en mi pueblo:
"El tonto ni de Dios disfruta".

Ha partido el amor, no fue posible saber si tenía alma, si
fue una cosa inventada, murmuran los griegos que está
oculto en las estrellas, murmuran los tibetanos que es
fuente de energía, los mayas lo buscaron en el tiempo a
través de pasadizos de piedra tallada, dicen que el amor
se fue al pasado, la verdad es que falleció en la
madrugada.

Ingrávida

Vacía e ingrávida está la ciudad
ningún rincón ofrece resguardo, cada
casa es una muda trinchera con
silencio necesario para respirar.

El aire denso y putrefacto se instala
en todo hueco expuesto, la ceguera

del conflicto impera nadie ve por
dónde va.

Senderos inundados, rojo espeso,
a gritos todos están mudos, se
suspende la amenaza como nube
imperiosa.

Llovió como antes, como en octubre,
como en todo mes de invierno, sentí
vacía mi existencia, igual que la
ciudad, ingrávida, soberanamente
sola.

Menos cero absoluto

La versión más sencilla
ambientada en el pasado, imagino
un esfuerzo deliberado, configuro
con remota precisión la
posibilidad de un relato
emancipado.

Modifico los pendientes
borro lo anticipado y niego
lo intencionado. falsifico
las escenas discurro donde
no existes.

Configuro el presente,
reconfiguro lo que viene, el tren
llegó atrasado retorno al punto

vacío, al menos cero absoluto un
instante antes de tu llegada.

Pasa la sombra peregrina, un
murmullo se aleja entre la
multitud de voces que cargan
los vagones, a lo lejos nace la
esperanza y el cero absoluto
marca lo plausible, lo preciso y
profundo, una historia nace,
otra historia muere.

Erótica ruptura

He roto con la ígnea figura
de tu hermetismo erótico, y
tus aires de señor

Soledad

En mi soledad, en esta voluntaria soledad,
He convocado a todos mis demonios Para
sentirme acompañada.

Ha llegado la tristeza, mañosa se
mezcla con mis dibujos O en mi
poesía, inunda mis letras, a veces se
acompaña de melancolía
Y no falta la tragedia de vez en cuando.

Y es una soledad mohosa, corree
por donde respiro, Debilita mis
huesos, mis voces se hacen
huecas, Toco las plantas, la
tierra y todos esos seres Parecen
que me hablaran, parece que yo
fuera ellos, de poco me
convierto en planta, En aire, en
agua, o en esa ave que busca
alimento.

Es una soledad hiriente, que
se siente en la piel,
En las manos, en mis ojos, en mis piernas, Es
soledad que inunda y duele.
Sin embargo, me gusta esta soledad hiriente,
Mi cuerpo se acostumbró a ella Tanto,
que no quiere dejarla sola.

Pinceladas de concreto

Pueden ser hermosos los recuerdos, los
guardamos en cajas doradas, les aliñamos
cual preciosos argumentos, que alimenten las
buenas o malas acciones.

Emociones muertas que en recuerdos viven, nada se
detiene ni siquiera un segundo, emociones que vibran
y las disfrutas en el recuerdo, amantes del pasado, sin
poder retener el presente.

Caminas de espaldas hacia lo desconocido,
repasas tus pisadas, equivocas el camino, no
importa, ni siquiera lo imaginas, nuestros
ojos solo imaginan los recuerdos.

Centenario de una noche,
date la vuelta, no guardo ningún reproche, ve al
retorno de las estrellas, no acaricies el recuerdo, no
te duermas a la orilla.

Despierta, veme de frente, no te imprimas
en aluminio de recuerdo, no eres el suvenir
turista del tiempo, eres el humano tierno
alivio de mis penas.

No eres Dios, ni siquiera de su corte, no eres un
fetiche, ni una postal para no olvidar.
eres un humano para suerte de mis días, eres
un mortal que bajo sombras anochece.

Baja, ven y siéntete en mi abrigo, se mi
presente y viajemos al mañana, dale santa
sepultura a la caja de recuerdos, que hacen
mucho peso en nuestra cama.

Cierra tus ojos, ámame sin recuerdos, ámame como
amarías si no existe el mañana, ámame recorriendo
distancias, sembrando esperanzas, renaciendo en el
frío, resurgiendo entre la arena, pintando mi
añoranza.

Cupos Agotados

Un adiós de puntillas, un romance
pasajero en el tren, una trágica
canción en mis pupilas, una luna y
dos semanas,
historias fugaces que se confunden en la estación,
una señora me explica el itinerario, mientras un
chico se ríe de mí en inglés.

Un adiós elegante, los elegantes dicen adiós
con una mano, la alzan mientras sonríen por la
ventana, me entretienen esos gestos clásicos,
donde el noble se sume en tristeza, vaya usted
con Dios y cuide el alma en pena.

Con certeza y en silencio, digo no a la
teoría del cupo, no es un cupo por lo
que alzo mi voz, yo amaba tu pésima y
cursi manía de llevarme flores de
papel, tus palabras de escarcha barata
que cabían en el biombo de cartón, los
fruteros de plástico que ponías en
nuestro comedor, y la dieta obligada
de tortilla con sal, que alcanzaba en
una tapadera.

No te pedí un cupo, tú me disté la
casa entera, donde solo cabían un
sofá de tela y aquel viejo colchón,
eras como una vieja ratera, que
robaba mis besos, hacías de

gusanito, luego, luego te volvías
pendenciera.

Yo no quiero un cupo en tu playa, no
quiero un cupo en tus pantalones, no
quiero un cupo en la mesa, ni quiero
un cupo en la cama, yo no quiero un
cupo, ni que fuera solo de ir al cine, o
votar en las elecciones.

Guarda el talonario de cupos y
calcula ahorros en la billetera, un día
tendrás suficiente para comprarte la
plaza entera, presumir de las damas
elegantes decir adiós con el alero de
tus orejas a todo gentil amigo que te
aprecia, mientras tus nalgas
descansan en un talonario de cupos
que reposa en tu cartera.

Versos para ti

Cada verso que inspiré en ti, cada
palabra que salió de mi boca, cada
universo que habité, todo eso y
otras cosas son parte de este amor
y este deseo insatisfecho de probar
tu boca.

Corporeidad

Tengo un dolor amurallado tan profundamente, se ha
instalado en mis pulmones sin dejarme respirar y silva
durante las noches pidiendo oxígeno al aire.

Me duele tanto respirar, que parece pecado ocupar
espacio en este mundo donde está prohibido llorar por
respeto a los difuntos.

Es un dolor acumulado, tantas lluvias, tantos vientos,
asolaron mis rincones, se llenaron de moho mis pulmones, y
las sales hicieron grieta en mi conciencia, también duelen los
huesos y no debo llorar, por respeto al silencio impuesto a las
almas que lloran a los difuntos.

También me duelen los ojos, mucho tiempo expuestos, mirando
directo al sol y las manchas negras, eclosionaron en cualquier
momento, pero ¿quién te entiende? nacemos con un filtro solar
que no te deja ver las manchas.

Raíces de hiedra en mis pulmones, se acartona, colapsa, no
hay grietas para que el aire se expanda, me duele respirar
hondo, me duele no respirar porque mis huesos se recienten,
me resisto a llorar por respeto a los torturados, ellos también
sienten y les crecen alacranes en los dientes.

Me duele la cabeza, cuando intento respirar un poco, la
piel se eriza de dolor, mi garganta gime, emite algún
sonido y mi voz no se escucha, tengo deseos de llorar,
pero no lloro por respeto a los olvidados que hoy se los
comen los zopilotes en el campo.

Y no termina mi dolor amurallado, mira la inmensa
pared que han levantado para que nadie se atreva a
soñar un nuevo futuro, para que recuerden haber
nacido esclavos del primer mundo, quiero llorar y no
lloro, por respeto a los humillados.

Me duele respirar, quiero llorar y no lloro, cada vez que
recuerdo, de cuanta mierda hay en este mundo.

Las líneas de tus manos

En las líneas de tus manos me encuentro atrapada,
como si ellas fuesen el laberinto donde tejo la señal
que dará tregua a este caminar eterno, sobre el
delgado desfiladero de las huellas que encontrar
quiero y depositar mis defensas.

Estas defensas que por baches se agotan que en ocasiones
confunden la armonía y la tristeza, pero, ciertamente
jamás confunde la alegría y el sonrojo que provocan tus
miradas y palabras tiernas, auscultando mi futuro en la
punta de mis dedos.

Sobre las puntas de mis dedos se deslizan las promesas
se teje nuestra alianza entre miradas y palabras, albores
de nuevas risas y el rubor que te acaricia, sin más llanto
que confunda, desanidan las defensas este corazón de
línea infinita.

En las líneas de nuestras manos se teje una paradoja, no hay
palabra imposible, ni paradoja no resuelta, mis defensas se
doblegan, frente a las líneas de tus manos, mis arterias se
agitan y por fin descanso.

Postura Nocturna

Siguiendo el entramado de tus palabras Me
he perdido en mis plegarias, mansamente he
seguido las huellas Tropezando con una
enorme muralla.
La penumbra inefable es testigo
De mi torpeza y esta vista lenta, Que ha
dejado de buscar el horizonte Ante la
inminente ceguera que acontece.

No hay postura frente a lo difuso y el
lamentable infortunio de un fracaso,
pintase de naranja el reflejo del mar
aquella tarde de alas rotas y versos vanos.
Solitaria está la silueta de un yo En medio
de una multitud bulliciosa, desconocida,
negada y lanzada en el empujón brioso de
una carcajada.

Aprietan sus manos retorcidas
Lo único que alguna vez fue,
El deseo de seguir siendo yo
En medio de una sociedad indiferente.
Amuralla su corazón en la corte
Y sonríe frente al siniestro que se burla,
La última palabra no ha sido dicha
El universo se desdobla y en la multitud se pierde.

Postura diurna

He visto el sol levantarse en tu mirada Opacando
las estrellas que habitan mi cuerpo, Te acercabas y
apretabas mi cintura.
Cadenciosamente, mis caderas anidaban en las tuyas.
Susurrabas secretos en mis oídos
Murmullos de pasión que se hacían torrentes,
Una nueva historia escribías en mis entrañas yo
me tatuaba en tu piel, lentamente.

Erguido tu cuerpo y anhelante el mío
He sentido dentro de mí todas tus vidas,
Un beso, un abrazo y nuestros fluidos Se
confunden, al tacto, el olor y los gemidos.
Cerramos nuestros ojos en este aquí y ahora,
Migramos al sitio donde me has reconocido, Débil y
extrañada, asustada y huidiza.

Hoy mi postura es frente a ti,
Abrazada en tu pecho ensortijado
Sin ser sumisa, acepto y retribuyo tus caricias,
Sin ser sumiso, aceptas y retribuyes mis caricias,
El sol se ha pintado de rojo mandarina
Para celebrar la noche que se avecina
Amurallada en tu cariño me siento libertaria,
Sonrío a tu cuerpo y seduzco tu alma,
El último verso quedó sobre las sabanas,
Nuestros universos convergen y afuera canta un grillo.

Beatriz colgada

De a pie y con frío
Beatriz se desnudó, en
el roble colgó la soga y
ahí mismo se mató.

Encontrada más helada que
el agua de la cascada, la
bajaron dura y estirada, con
la soga asfixiada.

Males de amores
asolaron a Beatriz, tan
fuerte y templada, nada
parecía inmutarla.

Triste amaneció la madrugada, una
lágrima roció su marchita cara, y
rodó, rodó, hasta caer en su boca,
bebió, bebió, hasta coger la soga.

Se quitó la ropa para quedar como
vino al mundo, se soltó el pelo
lacio y así se ofreció al viento.

Sus pies colgaron y la soga apretó el
pescuezo, la lágrima rodó, rodó,
sobre su cara, cayendo en la punta
del dedo gordo.

Yace Beatriz colgada,

Dante sigue extraviado en el infierno,
ella descansa en el cielo y él solo ve
sus pies que cuelgan.

Tedio

Mozart me inspira al silencio
me condena a la vaciedad, es
tan serenamente perfecto y
escrupulosamente dañino, que
me dan ganas de llorar.

Tirarme sin amor en la glorieta y
esperar a que haya más hojas
esparcidas en el andén para limpiar,
Mozart es un desperdicio y, yo, una
basura más en el zaguán.

Se han ido los poemas deslizado
por las grietas, han Escapado de
mi continente albergado en la
nada buscando levedad en las
pisadas.

Intacta estoy después de amar, amar
para nada y crecer sin destino
ilusionar las paredes con afiches,
sonrisas y miradas que no existen, un
café insípido fue lo más tibio.

Inmaculada está la avenida de brookland con
sus viejos árboles otoñales, sus mismas
gentes y los mismos carros, nada irrumpe en
la paz imperial ni siquiera las noticias de la
guerra nuclear.

Avisto un noviembre helado un carecer de
motivo en las hojas, y la necesidad de
raíces menos amargas para que sostengan
esta hiel con desamor, tan innecesaria y
pesada al andar.

Mozart me enferma, de hastío, de
crítica, de intelecto, de sobra, abulta
mi cuerpo de dolencias y llena la
imaginación de fantasmas, de
modernidad perniciosa y, una babosa
deja alaste el césped cuando pasa.

La mentira

Gota a gota como
afilada cuchilla, en una
piedra resbalas mentira
que agotas.

Dime mentira: ¿qué sientes cuando
deslizas y acaricias, a esa piedra
donde agua brota? Di mentira, ¿por
qué eres hermosa? y brillas como
agua pura, ahí donde pules falsedad y
cinismo gota a gota.

Di mentira ¿Por qué si eres veneno
que mata lentamente, todos te
encuentran más hermosa? Corree
cada cristal que de ti penetra, en la
acorazada piedra que destruyes gota
a gota.

Poema Libre

Yo soy un poema libre, que poco entiende
de reglas gramaticales, que a veces olvida
el acento y omite de manera apresurada
alguna tilde.

Vuelo sobre todas las cosas, me
detengo sobre las más urgentes, el
dolor, la tristeza, la nostalgia, y a
veces el amor me ocupa en medio
del distraído vuelo.

Me gusta ser un poema más que una
prosa articulada, y que conste, soy un
poema apasionado, que no esconde lo
que siente ni miente sobre la que piensa.

Raras veces escribo a alguien por el mero
asunto de articular las letras, por eso soy
un poema, porque que amo lo que digo y
digo cuando amo.

Si alguna vez me detuve para
escribir un par de versos a lo
mejor con mala letra, pero

aseguro que siempre ha sido amor
verdadero lo que anida en mi alma
de poeta.

Pensamientos al carbón

Nunca entendí a ese extraño poeta, no escribía para
mí, lo hacía para otra, aun así, lo leía, los poetas
escriben para ser leídos, como periodistas que
escriben noticias. Leía y pensaba: "Escribe muy
bien", como no escribe para mí, no puedo dejarme
algo.

No me dejé nada por prudencia, ojalá que su musa se
dejara algo, me gustaba cuando escribía, ese triste poeta.
De Bécquer solo recuerdo las oscuras golondrinas, de
Shakespeare ¡Oh amado Romeo!, de Neruda, te amo
cuando estás como ausente, de Benedetti, puedo
declamar completo No te Rindas, él hace sentir que
escribió para mí para que lo recordara cada noche.

Sí, aún leo los poemas de ese joven en alguna tarde,
sobre todo, cuando dice a su amada: ¿Recuerdas
cuando lavaba tu pelo? y pienso que nadie ha lavado
el mío, estaba triste cuando ella no leía sus versos,
tanto que decidí escribirle los míos para que no
estuviera solo.

Él no quería mis versos, quería que su
amada leyera los suyos, sé que jamás
leerá mis versos ni yo entenderé lo que
quería decirle, así vamos por la vida,

escribimos versos para quien no los lee y
terminan llegando a quien corresponde.
Escribía bonito el muchacho… jamás logré
comprenderlo.

Insuficiente

¡Cómo hace frío! El viento se filtra por las hendijas,
guardo en mi corazón todos tus poemas y los abrigo
con mi frazada, calentitos están mejor, mañana, será
un día ocupado, maletas, encargos, tú presente en
todo, caminando conmigo, yo intentando pasar
desapercibida.

¡Cómo me duelen los pies mojados!
me duele el pueblo que camina confundido, me duele la
señora de la cuadra que se ha afligido, la muchacha que
esperaba por mí para un café de sábado y la amiga que
pinta mi pelo y cultivo sus plantas.

¡como duelen los oídos! El pastor que ha gritado los fieles
que se refugian en Dios para que no les agredan, los jóvenes
condenados al tabaco una vida entera. la muchacha
desalojada con su niño en brazos y su marido engañado por
una promesa maliciosa.

¡Arden mis ojos! La luz es un suplicio, el
noticiario en crisis, nada nuevo, mataron al
abogado de una municipalidad por una
pasada de cuentas, dicen que todo esto es
anarquía,

¡cómo me duelen los pies y me cansa el pastor ¡

Todo me duele, menos tu recuerdo, todo me irrita
menos tu presencia, y camino más rápido para
llegar a casa, me espera un muchacho y le doy las
gracias, la maleta está lista y mi provisión de besos
no sé si será suficiente, pero tu espérame,
suficiente o no, ya haremos que se multipliquen.

Al desamor

Este es el quinto invierno te
espero por así decirlo, aunque sé
que no llegarás y aún te escribo
por costumbre.

Ya no importa cómo eran tus ojos, apenas
pongo atención a las miradas y me
entretengo arropada en la frazada,
cultivando este desamor sembrado en
verano durante las noches.

Vaciado el semillero de las galaxias ya
no hay estrellas nuevas desde hace
más de un millón de años, el último
cometa ya pasó, no veré pasar otro.

Las sonrisas desfilan como dientes blancos, ¿una
nueva pasta? ¿Una nueva prótesis? no sé, tantas
empresas que consumen el mundo, nadie sonríe

en el planeta sino le pagan algo, ya no nacen
niños con hoyuelos
¿qué importancia tienen las sonrisas?

La poesía satura las redes,
llevamos seis mil años escribiendo lo mismo,
no hay nada nuevo, ni siquiera este desamor
tan reflexivamente sabio, parece que olvidé
nacer y no hay espacio donde alguien pueda
verme.

¿alguien? Es como un decir, a mí no me
importa alguien, si me ve bueno, y sino
también, así es, hago tantas cosas por
costumbre, que me olvidé de nacer y
crecer.

Celebro este quinto invierno, lluvias
pausadas, la ira de la mañana, la
indiferencia necesaria,

la desmotivación argumentada, este
desamor tan imantado… Las
migajas olvidadas, el itinerario roto
y esta memoria, olvidé el camino de
regreso a casa.

Unto sal a los poemas

Mi amado Lebbeo, mi hombre
de corazón tierno, ¿cuantas

52

lunas han pasado? y tú a mi
lado ausente.

Si veo las nubes te recuerdo
por las mañanas intentando
llegar a tiempo, a no sé qué
destino, con los vidrios
briznados y yo desde algún
lugar observándote.

Aunque intenté no retenerte, ya era tarde,
en el corazón no se manda, junto al fuego
aún leo tus poemas y en la solazada
tristeza a veces, les unto sal con mis ojos
para creer que ellos pueden decirte algo.

Todo en mi habitación habla de ti, de tus
sonrisas, cuando apurada llegaba y tu
esperabas, yo tenía miedo que te fueras, y
finalmente te fuiste, sigo aquí acariciando el
libro de poemas que traje de aquel viaje,
esperando que algún día no muy remoto me
lleven a ti nuevamente.

Trato de engañar al corazón
sobre todo, en las mañanas,
pero a la tarde, mañoso, se
regocija en buscarte, en amarte,
y tú tan lejos, ni siquiera puedo
saber de tus miradas, de tus
sonrisas.

A la noche, vuelvo a la almohada,
no sé dónde te encuentras, unto sal
a los poemas, para ver si me
recuerdas.

Poema en orden

Escribiré un poema frío,
Tan frío como el Ártico
En la sonrisa congelada
De tu cuerpo durante las mañanas.

Un poema cadavérico,
A la vida que se escapa Por la
tubería de tu ciudad, Mal habiente
de gastadas fantasías.

Un poema que nunca leerás
Porque no fue escrito por ti, Sino
para ti en cualquier espacio
Donde serás el mismo y no otro.

Un poema indiferente
Turbio, tan lleno de vicio Similar a
cada palabra que de ti brota, Nada para
alimentarte, sino la sobra.

Un poema universal y constante,
Sin variación en su fórmula,
Matemáticamente calculado, Mortalmente
lírico y sin romance.

Un poema surrealista,
Fuera de este tiempo
Simulando un bestiario mitológico,
Exponiendo mis vísceras a tu aliento.

Un poema sin noción de pecado
Dedicado a tu intento por ilustrarme,
Sin reglas, ni estéticas mancomunadas Al
orden de tus falacias estructuradas.

Un poema bastardo, sin amor natural,
Separado de la tierra y la luz, Inmaterial
y morbosamente maligno, Frío como el
metal que lacera la piel.

Un poema surreal a inicios del tres mil,
Camino al apocalipsis, seco como el heno,
Metafóricamente correcto, aunque nada lo sea, Es
un poema a tu medida, un poema que mereces.

Como lo que nunca fue

Te esperé en la estación
como la primera vez,
como lo que nunca fue y
vi mi reloj, eran las dos,
tú allá y yo ahí, un abrazo
que no llegó.

Te esperé en la estación
como la segunda vez,
como lo que nunca fue, vi
mi reloj, eran las diez, tú
allá y yo ahí, un abrazo
que se perdió.

Te escribí mi adiós,
como la milésima vez
por lo que pudo ser y
lo que no fue, no te
abracé ni tú te
acercaste, dijimos
adiós.

Te canté mi versión, los
acordes de una tristeza se
diluían en el aire, una
lágrima resbalaba sobre el
universo de mi nostalgia
por lo que no fue.

Entre nieve y alegría

Si la nieve se derrite tus manos
quedarán frías, helados dedos
tiritando en medio del agua
que corría.

Y si al borrarse tu sonrisa frente
a tus manos vacías, tomaría uno

56

a uno tus dedos para hacerle
cosquillas.

Me devuelves la sonrisa porque
tus manos siguen llenas, que si
no es de fría nieve será de toda
mi alegría.

A un hombre sin nombre

Amo a ese hombre sin nombre, que día
a día escucha mis notas tristes, se
enreda con mis cuentos
tratando de hilvanar entre el pasado y el presente, entre lo
extraño y lo congruente.

Amo a ese hombre sin nombre, no
importa si está agotado,
se despierta y me dice que todo en nombre el amor es válido, se
retuerce en la cama con mucho sueño y aún enojado, me da un
besito y me dice buenas noches.

Amo a ese hombre sin nombre, no
importa si hace sol o llueve, me lleva en
su corazón a todas partes, se pavonea y
me luce en su mirada, me sonríe y piensa
pronto será mañana.

Amo a ese hombre sin nombre, él ya ni
escucha mis locuras porque no encuentra pista

coherente alguna, que le diga cuál es el final
feliz del camino.
El solo me ama, confía que pronto será mañana.

Lo que no se olvida

Acércate un poquito, para que
tu oído escuche, Si te amo,
pero no lo cuentes,
Te amo como para acariciarte En
las noches frías de insomnio.

Te amo de forma prudente,
Silenciosa, pequeños brillos,
Correcciones en suspiro Y
letras que se bailan.

No lo digas a nadie,
No te asustes,
Te amo con la madurez
Que te prometí, aquel año,
Cuando incendié la ciudad Solo
para encontrarte.

Te amo, así quedito,
Arrimada, sin que nadie lo note,
Porque me da placer estar contigo,
Porque quisiera un día
Cuando tengamos que irnos
Ver nuestras miradas,

Satisfechas y felices, Caminando
al infinito.

Del otro lado

Estamos en silencio con
las manos sostenidas,
amando los recuerdos
reteniendo las caricias.

Los sonidos ya se pierden la
gente nos olvida, nosotros
en silencio amando lo que
es nuestro.

Hemos cruzado el puente siempre
quisimos hacerlo juntos, sin
importar lo que pensaran
aprendimos a amarnos en silencio.

Tu brazo por mi espalda dejo caer
mi cabeza en tu hombro, me cubres
con tu cuerpo y no hay palabras en
este verso.

Mi muso

Lo amaba como a un capullo de rosa,
Así de tiernos se convertían mis ojos

Cuando él se despertaba y sonreía,
Dicen que eso es amar como a los hijos,
Y que todo amor hacia un hombre Debe
llevar una buena dosis de pasión Y gestos
lujuriosos, invadidos del deseo.

Lo amaba a mi manera, tierna y juguetona,
Como una gata pegajosa en celo
Lamía su cuello y así él despertaba
Y mi cuerpo se acomodaba a su ímpetu,
Mis ganas se abrían a su repentino empuje,
Entre mordisco y mordisco solía ser brava Y
abrazarlo con la intensidad de un cielo.

Lo amaba, aunque no lo supiera,
Me gustaba verle libre cazando mariposas
Cada vez que se abría al viento,
Así fuera en las noches o en los amaneceres
Cual capullo de rosa que se debe a su hermosura, Así lo
miraba, soberanamente hermoso,
¿quién dice que los hombres no son nuestros musos?

Lo amaba, también era mi muso, Cual
rosa abierta se ofrecía al mundo yo era
feliz como el principito,
Él era feliz como una rosa,
Y aunque no parezca una historia triste,
Ciertamente lo amaba como a un capullo Y
él nunca lo supo.

Epitafio de una ilusión

Tardes de complicidad,
madrugadas de alegría yo
corría hacia el trabajo tú
apurado saludabas.

Ya hace muchos años de eso
apenas si recuerdo las estancias
donde alguna vez rogaba un beso
y tú decías: si deseo lo doy, de lo
contrario espera.

Esperaba con paciencia, que te
dignaras a regalar un beso, así
transcurrió todo, entre tu
arrogancia y mi espera, hasta que
llegado el día lo dijiste: "No te
quiero, vete".

Ilumina la misma lámpara,
todos aquellos escritos que
desordenados esperan a que
alguien los lea, y continué
mi camino ya sin ninguna
duda.

No te he olvidado, ni el tono
despectivo, ni el juzgar todos mis
actos, si acaso alguna vez tierno
en otras desconfiado, pero
honestamente no te espero.

Pasado todos estos años, me convertí en
una persona adaptada, ya no espero
nada de nadie, ni confío en cualquiera,
escribo como al desaire, como lo hacer
cualquier poeta, tira versos al viento, a
sabiendas que solo son palabras que
aparentan no estar rotas.

Medalla de cornalina

Pegaré en mi corazón uno a uno tus besos,
cuál medalla de cornalina que naturalmente
crecen cada vez que me acaricias, cada vez
que en mi renaces.

Si tu faltaras en mi vida sería
una hecatombe.
solitaria vagaría en los precipicios,
cual perro sin dueño o, ceniza de
inframundo

Noche de luna llena

Se fue la noche pegada a tu silencio,
me dormí frente a tu rostro me
seducía desde la otra almohada, sin
hablarme has murmurado todos los
sonidos del mundo.

Leía tus labios complacientes donde
florecían promesas, en un jardín de brumas

imprecisas, hipnotizada cerraba mis ojos, se
ha ido la noche en un suspiro de tu boca.

Entre despierta y dormida bebí tu aliento, parpadeé
en el fondo de tu mirada tibia me adormecía,
letargo de sueños azules y blancos donde
descansaban mis ojos esperaban tus labios.

Donde estaban tus labios comenzaba la noche
con luna llena detrás de mis párpados, bailaba y
la robaba con descaro fantasioso la he dejado
usurpar en mis oídos, la noche no se ha ido, ni
tu silencio existe.

Amor no rebuscado

Te amo por lo bien que se siente la
ternura que me seduce, te amo
porque en mi nace este deseo de
unión tan profundo.

Te amo sin adjetivos extraños,
sin los verbos del pasado sin
comparaciones precedentes, sin
la palabra altisonante de un
diccionario rebuscado.

Te amo porque en ti me encuentro,
me devuelves lo que de mi busco y
guardas celosamente como prenda
que no es ignorada.

Te amo de una forma suave, que
fluye como poesía inalterada, con
lenguaje eternamente simple con
acomodo a mi cuerpo a mi vida
silenciosa, intensa y apaisada.

Te amo, porque te veo ahí
donde te encuentro, ahí
donde más te extraño.

Te extraño

No sé cómo será mañana, pero si se, que,
aunque me lo proponga, no dejaré de
pensar en ti y tomaré mi café de rutina,
entre el humo y el sabor recordando
algún detalle, de cualquier mañana de
antes, cuando todo estaba mejor. aunque
no estuviese bien.

Te extraño, cada día ha sido igual, te
extraño, ¿por qué te fuiste? no es la
pregunta que haga siempre, pero en
ocasiones suelo preguntar.

Te extraño, como extraño tu forma de llegar, y
es que estaba tan acomodada a tu calor que el
más leve frío me obliga a recordar.

Te extraño, en todos los detalles y aunque
siempre te busco, evitando desagradable

encuentro, a veces me pone triste, no
poderte encontrar.

Microcosmos

Soñaba precisar un nosotros,
desdeñando el yo grabado desde hace
siglos en el subconsciente.

Soñaba un mi impregnado de ti y
el tú se impregnó de mí,
conjugando el nosotros.

Me siento en ti y tú
estás en mí,
emergiendo un deseo
que danza en nosotros.

En soledad

En mi soledad, en esta voluntaria soledad,
He convocado a todos mis demonios Para
sentirme acompañada.
Ha llegado la tristeza
Y mañosa se mezcla con mis dibujos
O en mi poesía, inunda mis letras,
Y a veces se acompaña de melancolía Y
no falta la tragedia de vez en cuando.

Y es una soledad mohosa, corree por donde respiro,
Debilita mis huesos, mis voces se hacen huecas,

Toco las plantas, la tierra y todos esos seres
Parecen que me hablaran, parece que yo fuera ellos,
Como si de a poco me convirtiera en planta, En
aire, en agua o en esa ave que busca alimento.

Es una soledad hiriente, que se siente en la piel,
En las manos, en mis ojos, en mis piernas, Es
soledad que inunda y duele.
Sin embargo, me gusta esta soledad hiriente,
Mi cuerpo se acostumbró a ella Tanto,
que no quiere dejarla sola.

En las líneas de tus manos
En las líneas de tus manos me encuentro atrapada,
como si ellas fuesen el laberinto donde tejo la señal
que dará tregua a este caminar eterno, sobre el
delgado desfiladero de las huellas que encontrar
quiero y depositar mis defensas.

Estas defensas que por baches se agotan que en ocasiones
confunden la armonía y la tristeza, pero, ciertamente
jamás confunde la alegría y el sonrojo que provocan tus
miradas y palabras tiernas, auscultando mi futuro en la
punta de mis dedos. Sobre las puntas de mis dedos se
deslizan las promesas se teje nuestra alianza entre miradas
y palabras, albores de nuevas risas y el rubor que te
acaricia, sin más llanto que confunda, desanidan las
defensas este corazón de línea infinita.

En las líneas de nuestras manos se teje una paradoja, no hay
palabra imposible, ni paradoja que no exista, mis defensas se
doblegan, frente a las líneas de tus manos, mis arterias se

agitan y por fin descanso, abrigas mis historias… hemos
llegado, me reconoces.

No soy la misma

No soy la misma desde
hace varias lunas, no soy
la misma desde que
llegaste en un anochecer
a mi ventana.

No soy la misma, pero aún
me tiembla el pulso cuando
te acercas, cosquillea mi
cuello, y saltan ranas en mi
estómago no soy la misma,
pero te amo, como si fuera
la misma desde hace tantas
lunas.

Al desamor

Este es el quinto invierno te
espero por así decirlo, aunque sé
que no llegarás y aún te escribo
por costumbre.

Ya no importa cómo eran tus ojos,
apenas pongo atención a las miradas y

me entretengo arropada en la frazada,
cultivando este desamor sembrado en
verano durante las noches.

Vaciado el semillero de las galaxias ya
no hay estrellas nuevas desde hace
más de un millón de años, el último
cometa ya pasó, no veré pasar otro.

Las sonrisas desfilan como dientes blancos, ¿una
nueva pasta? ¿Una nueva prótesis? no sé, tantas
empresas que consumen el mundo, nadie sonríe en
el planeta sino le pagan algo, ya no nacen niños
con hoyuelos
¿qué importancia tienen las sonrisas?

La poesía satura las redes,
llevamos seis mil años escribiendo lo mismo,
no hay nada nuevo, ni siquiera este desamor tan
reflexivamente sabio, parece que olvidé nacer y
no hay espacio donde alguien pueda verme.

¿alguien? Es como un decir, a mi no me
importa alguien, si me ve bueno, y sino
también, así es, hago tantas cosas por
costumbre, que me olvidé de nacer y
crecer.

Celebro este quinto invierno, lluvias
pausadas, la ira de la mañana, la
indiferencia necesaria, la
desmotivación argumentada, este
desamor tan imantado…

Las migajas olvidadas, el itinerario
roto y esta memoria, olvidé el
camino de regreso a casa.

Ángel Gótico

Tiene sabor a sarro
este amor que muere,
dejando su sangre en
mis sabores.

Tiene sabor a sangre, cada
gota de dolor que quedó
derramada, y cada nota que
fue tocada.

La ética de amarte

La ética de amarte no tiene fisuras,
eres el arte y el artista que despertó
a mi vida, e hizo nacer el
sentimiento, significando el renacer
de mis días.

La ética de amarte es claro-oscuro,
donde puedes intuir y reconocer sin
mirarme, el dolor y la esperanza
nos unen cada día.

La ética de amarte es ciencia y es poesía,
transfigurada en sentimiento y verso

celebrando nuestras vidas, cuidando
nuestras almas abrazando nuestros
cuerpos y construyendo el futuro.

La ética de amarte no tiene limite,
no es dogma esclavizante, es abierta
y creativa, cada día trae su carga y
cada noche una nueva entrega.

Reciprocidad

Abrigo en tu amor este frío
mañanero, siento la tibieza
de tu piel y esos
ronroneos.

Tus besos despiertan mi cuello
mis manos te buscan y acarician,
eres el más amado, en ti los días
no son los mismos.

Ilumina tu mirada, mi
universo oscuro es claro,
soñaba que íbamos juntos, el
otro lado el camino estaba
lleno de amapolas.

Despierta me dijiste,
sobre la mesa en un vaso
tenías una rosa fresca, te
bese y dijiste; Amada yo

soy tuyo. y pregunté:
¿Será oh?

Al más amado

Eres tú el más amado,
donde mi voz resplandece,
mi palabra se inspira y te
dedica sus versos.

Cada día que acontece si la
nostalgia algo reprocha es
no sentir tu abrazo o el beso
postergado, y la tibieza de tu
roce.

Eres como en mi pasado, el
presente amoroso reservado
mis palabras del mañana y la
confianza resguardada.

Cada paso a ti me une, como
evangelio consumado eres el
más amado aquí, en este
corazón habitado.

Y leí tu sonrisa, cuando decías:
"Eres también amada como
evangelio consumado, en este
corazón habitado, Eres tú a quien

cuido y por quien elevo mis
oraciones".
Eres también amada… Leí en tu sonrisa.

Memorias del Ártico

¿Recuerdas mi primer abrazo en el frío Ártico?
construía en pequeños trozos nuestra primera canción,
cómo aprender en notas dispersas a hilvanar hasta ti un
puente en do menor, silenciosamente hice mi nido en tu
ventana, para que escucharas antes de despertar mi voz.

¿Puedo olvidar aquel primer abrazo? cuando
temblaba desprotegida te disimulabas para no
espantarme, me veías tan herida, no quisiste
destruir el nido, me dejaste con recelo habitar ahí,
cantaba cada mañana mis notas amañadas, entre
llanto y risa, temblorosa aprendí a vivir. ¿Viste mi
primer vuelo aquel invierno? canté libre al viento
y desplegué mis alas, todo fue un bello desastre,
quería que tú me vieras
entre cantar y volar me estrellé contra ti, reías
burlón de mis esfuerzos, pero… ¿he de olvidar
tu primer ojito de amor?

¿Olvidarías mis canciones desafinadas?
eran retazos robados al silencio, aquel
silencio que fue testigo del renacer,
renacer en el nido orillado a tu ventana,
armado con restos de hilo y algodón,
mientras dormía,

tu vigilabas que no saltara por aquel balcón,
¿Recuerdas lo que pasó en el Ártico? fue
nuestro primer abrazo y mejor canción.

Tú último amor

Yo sé que tú estás ahí, a pesar de todo, te
espero con la calma que trae el viento
con la esperanza de un día fresco, sé que
soy tu último amor, como tú sabes que
eres mi primera cita.

Sé que eres mío, camino hacia ti, tan tuya
como las noches de insomnio que juntos
compartimos y comprendimos, tú dolor y el
mío eran uno mismo.

Tengo sed de abrazarte, tomar tu mano, escuchar
junto a ti el mar inmenso cuando celebra su marea
y acaricia a los amantes eres mío, te asumo con
paciencia, y no tengo miedo de tu llegada,
solamente esta ansiedad que no cesa.

No tengas miedo, buscaré el refugio, en
esos brazos cálidos,
que cariñosamente alguna vez se abrieron para
decirme: No temas, estamos juntos.

Te amo de una forma diferente

Te amo de una forma tan diferente,
Siento latir tu corazón junto al mío
Mientras recorro con mis manos tus accidentes,
Me miras como nunca lo hiciste antes
Y yo me arrimo a tu piel, como mi primer amante.

Olvidé la ciencia de mis palabras excéntricas
Para amarte como una mujer simple ama a su hombre,
A ese hombre de la jornadas nocturnas y largas

Que aún tiene la delicadeza de dedicarme su sonrisa,
De dibujar en la madera con sus manos, el corazón que nos une.

Te amo de una forma diferente, sin dudas, sin rencores,
Con la simpleza de una mujer que ama a su hombre,
A ese hombre que me dedicó sus días y sus noches
Aún en los días de complejidad y angustia,
Te amo de una forma diferente, pero más profunda.

Alegoría al olvido

Te marchaste o me marche, un
sueño como todos mis sueños
todo es indiferente,
cualquier color son las emociones, el
blanco paz y armonía me dice que es
tiempo de olvidarse.

Y me olvidé o me olvidaste,
como todos los sueños donde
nada importa,
un gesto o la mirada son sentimientos, verde
musgo lo que está enmoheciendo avisa que no
es tiempo de inundarse.

Y ya no me miraste y no te miré es
el sueño donde nunca estuviste,
donde no habitaste,

    dorado es la luz que nunca llega el fondo
    oscuro donde parpadeas y te pierdes.

    Y quise recordar o quizás querías recordarme,
    era el sueño de aquel camino olvidado
    intransitado, donde crece la hierva pero nadie se
    detiene, rojo y amarillo primario a mis ojos se
    mimetizan y confunden.

    Y pretendí escucharte o pretendías escucharme, era
    aquel sueño donde podían verme sin hablarme podía
    verlos y no entenderlos, te marchaste o me marche,
    te olvidé o me olvidaste…

Bayt

Eres la melodía cuando guías mis
pasos, en este baile a ciegas solitario
en el bosque, la única luz que

encuentro y la imaginación que me
acompaña.

Eres la palabra, el inicio
de una estrofa y el final
de cada verso,
desdibujando en la
niebla los amores y el
rocío.

Tus labios, el rastro en mi
piel al amanecer te reclama,
trayendo un beso y ese
relieve que tanto amo.

Eres el último respiro de la
noche que recién pasa, la
última sombra, el tacto en
mi pelo y el abrigo en mi
pecho.

Eres mi refugio, el único
código que no se ha
descifrado, el grial de
mi pluma, la luz en la
niebla y el amor que
llevo en todo viaje
lejano.

Tu mirada, amante de
mis letras, es una estrofa
que inicio un poema que
no acaba, un trasfondo

de cielo y la tibieza del
mañana.

Semilla

Hijos, hija, mis amados seres
cuando hubiese partido, no me
busquen, porque yo estoy dentro
de ustedes, cada uno lleva una
parte de mí, la parte que su
corazón quiso, ahí estoy yo.

Hija mía, sangre de mi sangre, carne de mi
vientre, la flecha de mi arco, el grial de mi
ternura, en ti deposité la fuente de vida.
Reiré en cada uno de tus risas, en el tacto de
tus manos está la primavera, en cada mirada
tuya junto a tu hija estará mi mirada y
seremos una sola.

Cuando sufras, caída la noche,
recordarás mis lágrimas y sonreirás
al recordarme, cuando te dije: no
sufras siémbrame a la orilla de un
árbol.

Hijos, mis grandes amores, de manos delicadas y
continentes solidarios, no los amé menos, sino de
forma diferente, y en ustedes estoy, en su semilla
va mi nombre, les cantaré en el anochecer
solitario, como cuando los tenía en brazos.

Y llegada la hora, les esperaré de cualquier lado,
seré la música, el baile y la sombra, la sonrisa y el
abrazo, que mi corazón está en ustedes y no en
otra parte.

Y si en alguna parte me buscan
cuando creen no encontrarme,
acaricien la rama de un árbol,
susurren a las piedras del cerco
y escuchen desde su interior las
agudas notas de mi llanto, esas
que les hacían reír tanto.